万能工匠

幼儿体育活动汇编 三

——体育游戏

主 编：陈冬华 吴 寅 樊俊丽

北京体育大学出版社

策划编辑：李志诚
责任编辑：李志诚
责任校对：韩培付
版式设计：李　鹤

图书在版编目（CIP）数据

万能工匠幼儿体育活动汇编. 三, 体育游戏 / 陈冬
华, 吴寅, 樊俊丽主编. -- 北京 : 北京体育大学出版社,
2020.12
　　ISBN 978-7-5644-3416-8

　　Ⅰ.①万… Ⅱ.①陈…②吴…③樊… Ⅲ.①体育课
－学前教育－教学参考资料 Ⅳ.①G613.7

中国版本图书馆CIP数据核字(2020)第263675号

万能工匠幼儿体育活动汇编（三）——体育游戏
WANNENG GONGJIANG YOUER TIYU HUODONG HUIBIAN SAN TIYU YOUXI

陈冬华　吴　寅　樊俊丽　主编

出版发行：北京体育大学出版社
地　　址：北京海淀区农大南路1号院2号楼2层办公B-212
邮　　编：100084
网　　址：http://cbs.bsu.edu.cn
发行部：010-62989320
邮购部：北京体育大学出版社读者服务部 010-62989432
印　　刷：北京建宏印刷有限公司
开　　本：787mm×1092mm　　1/16
成品尺寸：185mm×260mm
印　　张：5.75
字　　数：136千字
版　　次：2020年12月第1版
印　　次：2020年12月第1次印刷
定　　价：45.00元

编委会

编者的话

　　幼儿健康领域中的体育活动，是对幼儿实施身体、心理、品德、社会性全面发展教育不可缺少的重要组成部分。开展好幼儿体育活动，必须按照国家颁布的《幼儿园工作规程》《幼儿园教育指导纲要》《3~6岁幼儿学习与发展指南》中的规定与要求，为幼儿提供必要的环境、设备、条件，以便更好地开展幼儿游戏与体育活动，促进幼儿身心健康、和谐、全面发展。

　　贝玛教育设计制造的万能工匠教具、器械，不仅为幼儿园提供了安全、实用、灵活多变的体能游戏套装，还为培养幼儿创造思维与建构能力提供了必要的条件。

　　本书重点介绍了幼儿体育游戏的功能、特点、分类、创编原则与方法，以及运用万能工匠器械开展的科学、规范、高效、安全、有趣的幼儿体育游戏范例，旨在充分发挥万能工匠器械的功能，体现一物多变、多玩、多练的特点，使幼儿的身心在万能工匠体育游戏活动中得到全面锻炼和发展。

　　本书选编了各年龄班部分幼儿体育游戏范例，以供广大幼儿教师参考选用。

目 录

一、幼儿体育游戏的概念、功能、特点与分类

（一）体育游戏的概念

游戏是一种特殊的社会实践活动，是人类文化的载体。游戏产生于劳动，劳动不仅创造了人类，也创造了游戏。游戏是由人类身心需要而引发的，不产生社会意义产物的娱乐、健身活动。

体育游戏是在游戏发展过程中派生出来的一个分支。它融体力发展、智力发展、身心娱乐为一体，既是游戏的组成部分，又与体育有着密切的关系；既有游戏的特点，又有体育的特征。体育游戏源于民间游戏，而绝大部分竞技运动项目也源于民间游戏。随着社会的发展，人们对体育游戏功能的认识不断深化，体育游戏已被广泛应用于体育教学、运动训练和群众性体育活动中，成为体育运动的一个重要组成部分。

综上所述，体育游戏是以身体练习为基本手段，以增强体质、娱乐身心、陶冶情操、培养良好品德为目的的一种现代游戏方式。

（二）体育游戏的功能

游戏既是幼儿的基本活动，也是促进幼儿发展的基本教育活动之一，但不是唯一的活动。促进幼儿身心全面发展的教育内容丰富多彩、形式多种多样。

1. 健身功能

体育游戏是一种特殊而有价值的、以身体练习为手段的身心锻炼活动。在体育游戏中进行基本动作练习，在发展幼儿基本动作的同时，不仅能培养幼儿正确的身体姿势，发展幼儿身体素质，提高幼儿身体活动能力，而且还能促进幼儿身体各器官系统生理功能的发展，促进幼儿生长发育与身体健康。

体育游戏是幼儿体育活动中不可缺少的内容、形式、手段与方法，既有利于幼儿身心健康，又能调动幼儿参加体育活动的积极性、主动性。尤其是利用万能工匠器械的特殊功能及其变化进行各种身体练习，更能引起幼儿参加活动的兴趣，进一步发展幼儿的基本动作，提高幼儿活动能力，促进幼儿身心健康，增强幼儿体质。

2. 教育功能

体育游戏以发展幼儿身心作为主要内容，而且它还是具有一定规则约束的社会

活动，有规则才能使游戏顺利进行，与此同时也能调动和约束游戏者的行为即彼此的关系。这不仅能使游戏公正、安全、有效、顺利进行，也能教育幼儿遵守规则、遵守社会生活准则，培养幼儿群体意识、合作意识、责任意识，有效地促进个体社会化发展。

充分利用万能工匠器械的多功能变化，在进一步提高幼儿动作技能和体能的同时，培养幼儿勇敢、自信、顽强、拼搏、不怕困难、积极向上的精神。

3. 娱乐功能

体育游戏既简便易行，又有无穷的趣味，能使游戏者感到轻松、愉快，得到情绪和心理的满足。体育游戏还能够充分发挥幼儿的潜能，提高幼儿的自信心和承受能力，对改善幼儿心理状况、发展幼儿个性心理素质有着独特的作用，使幼儿在欢快、活泼的体育游戏活动中健康成长。

万能工匠器械的多功能变化，更能使幼儿在体育游戏活动中感受到无穷的乐趣。利用万能工匠器械开展的体育游戏活动，不仅可以调节精神，活动筋骨，增强体质，而且还可以陶冶情操，娱乐身心，培养高尚的道德品质。

4. 发展智力

在体育游戏过程中，幼儿在学习、掌握动作技能和游戏方法中学会观察、注意、记忆、思维，提高对时间、空间的感知和判断能力，做到身体力行，并与对手斗智、斗勇，力争取胜。

利用万能工匠器械开展的体育游戏活动，往往是由简到繁、由易到难、由低到高、由单一到多元不断变化的。逐步提高动作难度，并要求幼儿共同参与器械的重新组合与变化，可进一步发展幼儿的观察、注意、记忆、应变、创新能力。

5. 发展美育

在体育游戏过程中，幼儿只有不断地掌握正确的动作技能，发展体能，才能较好地完成游戏，并在游戏中取胜，逐步形成动作美、形体姿态美、遵守规则行为美。

利用万能工匠器械开展的体育游戏活动，器械本身色彩、形象美，再加上各种拼插、多元变化而形成各种平面、立体图形，给予幼儿美的形象变化与感受，能够培养幼儿欣赏美、感受美、表现美、创造美的能力。

（三）体育游戏的特点

1. 健身性

体育游戏是以各项基本动作为主要内容，配置一定的情节、角色、规则所组成的身体活动。体育游戏作为健康教育的重要手段之一，其目的是促进幼儿身体发育与动作发展，促进幼儿健康，增强幼儿体质；同时满足幼儿对游戏的心理需求，并使幼儿在游戏中保持乐观、活泼的心境，从而获得愉快的情绪体验，促进幼儿心理健康。

2. 竞赛性

幼儿在体育游戏过程中，检验了自己的能力，发展了自我意识，建立了合理的自我形象，展示了自己的运动技能，逐步树立了自信心。

体育游戏不仅能激发幼儿参加体育活动的兴趣，还能满足幼儿的探究兴趣与好胜心，使之养成良好的运动习惯。体育游戏中有很多竞争、对抗因素，属于竞赛性的规则游戏，借助这种对抗性游戏，可培养幼儿的自信心和竞争意识，为其适应未来社会生活奠定良好的心理基础。

3. 规范性

无论是徒手体育游戏，还是利用器械的体育游戏，都必须遵守动作规范。只有规范性的动作，才能收到应有的健身效果，否则不仅达不到健身的目的，反而会造成身体伤害，甚至导致生命危险。尤其是利用器械的体育游戏，必须让幼儿了解其特点与运动方式，遵循器械的操作方法，不得随意"创新"，以免造成严重后果。

体育游戏不仅要动作、姿势正确，自觉遵守一般游戏规则，而且必须严格遵守运动特点和器械操作方法的规范化要求。这种带有强制性的规范化要求，既有利于提高锻炼效果，又能保护游戏者的安全，避免伤害事故发生。

4. 趣味性

趣味性是体育游戏的显著特点之一。幼儿轻松、愉快、自由、平等地参加体育游戏，其注意力集中于活动过程中产生的乐趣，能够拥有一种轻松、愉快的心境。

运用万能工匠器械组织的体育游戏活动，具有随机性、变通性、多样性的特点，器械组合的变化、图形的变化、动作及路线的变化，乃至规则、要求的变化，都会使幼儿对体育游戏产生更大的兴趣和特殊的愉快情绪体验，进而满足幼儿情绪、情感上的需求，更好地体现了体育游戏的趣味性。

不同年龄班幼儿体育游戏特点综述：

小班游戏特点

情节简单角色少，动作单一能学好。

规则内容紧联系，决定胜负不重要。

时间要短量要小，引起兴趣要记牢。

中班游戏特点

中班体质增强了，接受能力提高了。

游戏角色加多了，动作技巧较难了。

规则要求较严了，竞赛成分重要了。

时间加长量大了，适当掌握别忘了。

大班游戏特点

知识面较广，理解力较强。

游戏兴趣高，体力也增长。

动作难度大，灵敏不慌张。

比赛分胜负，规则具体详。

追捉游戏多，注意量适当。

（四）体育游戏的分类

体育游戏的分类方法很多，不论哪种分类方法，其目的都是给选用游戏者提供方便。体育游戏的分类方法主要包括如下几种。

1. 按人体基本活动能力分类

按人体基本活动能力可将体育游戏分为行走类、奔跑类、跳跃类、平衡类、攀爬类、投掷类、滚动（翻）类等。这是根据人体基本活动技能，以各种动作特征为依据进行的分类，便于以发展某种基本活动能力为目的进行选择。

2. 按发展身体素质分类

按发展身体素质可将体育游戏分为速度类、力量类、灵敏类、协调类、柔韧类等。身体素质是人体在体育活动中表现出来的各种能力，将动作技能的提高与身体素质的发展紧密结合起来，便于游戏者根据需要进行选择。

3. 按运动项目、器械分类

依据各项运动的特点可将体育游戏分为田径类、体操类、篮球类、足球类、排球类等。由于体育游戏的活动方式、器械各不相同，又可将此类游戏分为大型器械游戏、中型器械游戏、小型器械游戏、一物多玩游戏；运用万能工匠器械又可分为小球游戏、棍棒游戏、圆盘游戏、建构器械游戏等。

4. 按活动形式分类

按活动形式可将体育游戏分为集体游戏、分组游戏、分队游戏、分散（自选）游戏、接力游戏、追捉游戏、综合游戏、有情节有角色游戏等。

5. 按活动场地分类

按活动场地可将体育游戏分为户外游戏、室内游戏、野外游戏、水上游戏、冰雪游戏等。

6. 按教学需要分类

这种分类方法是按照课的结构进行分类的，可以分为开始、准备部分的集中注意力游戏和适量的准备活动游戏，基本部分的提高练习兴奋性、加大运动负荷游戏，结束部分的放松整理活动游戏。

总之，体育游戏的分类方法很多，有时一种游戏又含有两个或两个以上的分类因素，因此难以严格、准确、科学地界定。掌握分类方法不是目的，了解分类只是为了便于运用，一般情况下常用的是以基本活动能力或与运动项目相结合的方法分类。

二、创编幼儿体育游戏的原则与方法

（一）体育游戏的创编原则

1. 健身性原则

体育游戏应该姓"体"，即开展体育游戏使幼儿更好地掌握、提高某种动作技能，发展体能，提高身体的活动能力，从而达到锻炼身体、促进健康、增强体质的目的。

2. 教育性原则

体育游戏不仅仅是为了进行身体练习，而且是在身体练习的过程中，对幼儿进行良好的品德教育，培养其勇敢、自信、顽强、拼搏的精神，以及责任意识、群体意识、规则意识，充分体现体育游戏的教育功能。

3. 科学性原则

创编幼儿体育游戏必须根据其身心发展特点，不仅要选择适合该年龄阶段幼儿生长发育特点与规律的动作，而且还要选择符合其动作发展特点的体育游戏。选择的体育游戏既不能是过于简单、幼儿可轻易完成而无兴趣的内容，也不能是按照成人的意愿选择难度大、高不可攀、猎奇求异、不易完成甚至有危险或损伤幼儿健康的动作。

4. 兴趣性原则

兴趣性是体育游戏的显著特点之一。游戏的内容、情节、动作、角色、方法以及器械、形式等变化，都能有效地提高幼儿做游戏的兴趣。有趣味性的体育游戏，才能引导幼儿积极参与进来，并在体育游戏中练得开心、玩得尽兴。

5. 安全性原则

创编幼儿体育游戏时须做到防患于未然，尽可能排除不安全因素。体育游戏中动作的难度、负荷量必须是幼儿能承受的；场地的布置、器械的应用、队形的排列、往返路线、交接方式等都必须周密设计与安排。

体育游戏的规则要求也要起到必要的约束作用，如在追拍游戏中不能推人、打人，在用投掷物追人时只能击对方腿部或膝部以下部位等。

（二）体育游戏的创编方法

1. 模拟法

模拟自然界中各种事物的关系、变化状态以及各种生活技能、运动技能、动物的象形动作等（"大风和树叶"、"太阳公公与小雪花"、穿衣、劳动、举重物、游泳、滑冰、模仿小鸭走、模仿小兔跳等）。

2. 儿歌法

运用儿歌反映动作形式和方法（"捉害虫是专家，小青蛙，呱呱呱"——模仿青蛙跳，"黄嘴巴、大脚丫，我是小鸭嘎嘎嘎"——模仿小鸭走等）。

3. 竞赛法

在基本相同的条件下进行比赛（如赛速度、赛远度、赛高度、比次数、比技巧、比智慧等）。

4. 变化法

改变游戏结构中的某一要素（如改变贴人位置、变换追捉人数或角色等）。

5. 借鉴法

借鉴其他领域事物或现象，加工、提炼、改编成游戏（如"少林武功""小松鼠跳树枝"等）。

6. 组合法

把两个不同的游戏组合在一起（智力游戏与奔跑游戏结合的"石头剪子布""人枪虎"等）；或将不同的万能工匠器械进行各种组合变化，加入相应的动作组成的游戏活动。

总之，创编幼儿体育游戏时，必须做到明确创编目的，了解运用对象，掌握创编原则，注重健身实效。

三、万能工匠体育游戏范例

（一）小班游戏

小猫戏球

设计者：天津市华夏未来梅江湾国际幼稚园

游戏目标：

（1）发展幼儿蹲走的同时用手拨球的动作技能，发展幼儿腿部力量及手眼协调性。

（2）培养幼儿的专注力以及参加游戏的兴趣。

游戏准备：

按照幼儿人数准备一定数量的小球。

游戏过程：

（1）双手握球并在手心中随意转动。

（2）单手拨球向指定方向滚动。

（3）单手拨球曲线行进。

（4）双手拨球滚过杆。

（5）双手或单手用力将球沿地面滚抛后，快速追跑捡球。

游戏规则：

（1）拨球行进时尽量做到球不离手。

（2）曲线拨球时不得碰到障碍物。

（3）滚球过杆时球必须从杆下通过。

（4）用力将球抛出后才可跑步追球。

游戏建议：

（1）熟悉球性，可让幼儿运用各种方法四散练习拨球滚动，注意躲闪。

（2）单手拨球时注意左右手交替进行练习。

（3）滚球过杆的距离由近及远。

（4）在双手用力滚抛球的基础上，练习单手用力挥拨球，并在此基础上进行拨球比远。

（5）在熟悉球性、练习滚球动作的基础上，进行各种抛球动作练习。

蚂蚁宝宝本领大

设计者：天津市华夏未来梅江湾国际幼稚园　杨春萍

游戏目标：

（1）使幼儿练习走、跑、抛等动作，发展幼儿走、跑、抛等能力，使幼儿尝试万能工匠球的多种玩法。

（2）培养幼儿的规则意识及对玩万能工匠球的兴趣。

游戏重点、难点：

重点：尝试球的各种玩法。

难点：掌握抛的技能。

游戏准备：

（1）万能工匠黄色小圆球（幼儿人数+1）个、彩虹伞1个、蚂蚁头饰1个、玩具筐1个、小星星多颗。

（2）音乐、儿歌、场地图。

游戏过程：

（1）准备部分。

教师扮演蚂蚁妈妈，带"蚂蚁宝宝们"出来玩。教师："宝宝们，今天天气可真好啊，要跟着妈妈一起学习新的本领了，好不好？"

① 幼儿跟随教师边说儿歌边走圆。教师提示幼儿：一定要跟好前面的"小蚂蚁"，不要掉队哦！（儿歌：一个跟着一个走，摆起臂来雄赳赳，迈开大步向前走，走成一个大皮球。）

② 幼儿一起随着"蚂蚁妈妈"做蚂蚁模仿操。教师利用相关儿歌带动幼儿充分活动身体。教师边说儿歌边带领幼儿活动头、肩、手臂、腰、腿等身体部位，使幼儿尽快进入"小蚂蚁"的运动状态。

（2）基本部分。

① 游戏情景导入："宝宝们，你们是不是觉得有点饿呢？跟着妈妈去找点吃的吧。"幼儿跟随教师"高人走""矮人走"去找食物，幼儿练习踮脚走、蹲着走。

动作提示：两臂上举，踮起脚尖，看谁最高。

②捡"豆豆"（球）——幼儿练习跑及躲闪跑。

动作提示：迅速捡一个"豆豆"回来，注意躲闪跑，不要撞到其他幼儿。

提示：捡完"豆豆"迅速找到一颗小星星站好。

③幼儿练习低手向前、胯下向后抛球。

低手向前抛球：双腿分开与肩同宽，双手捧球，上体前屈，两臂前摆向前抛球。

胯下向后抛球：双腿分开与肩同宽，双手握球，上体前屈，两臂后摆向后抛球。

动作提示：抛球时身体不动，保持弯腰状态，抛出球后，听口令迅速跑步捡回。

④送"豆豆"回"家"。

·请幼儿边走边踢球，边跑边踢球。

·弯腰走，双手背后拿着"豆豆"。

提示：幼儿走到彩虹伞前，将"豆豆"轻轻放到彩虹伞上，手持伞边站好，边说儿歌边运"豆豆"回"家"，运到场地中间。（儿歌：小蚂蚁搬豆豆，搬了一堆好豆豆，运回家好过冬，我们来炒香豆豆。）

⑤炒"豆豆"——幼儿练习两臂向上挥摆抖动，使球在伞上跳动。

⑥幼儿听口令爬到伞中，每人捡一个"豆豆"，游戏结束。

提示：听口令做出相应的动作。

（3）结束部分。

幼儿跟着教师放松身体各部位，缓解游戏的疲劳，体验游戏的快乐，整理、放松。幼儿随着教师边走边说儿歌，边抖动手臂，将"豆豆"搬回"家"。（儿歌：小蚂蚁搬豆豆，搬了一堆好豆豆，运回家好过冬，我们的豆豆真是香。）

游戏延伸：

教师和幼儿探索球的更多玩法。

运西瓜

设计者：广东省江门市蓬江幼儿园 黄宝仪

游戏目标：

（1）使幼儿学习正面钻过高约60厘米的障碍物。

（2）培养幼儿灵活控制、快速反应的能力。

（3）培养幼儿参与体能活动的兴趣。

游戏准备：

障碍物4个、高约60厘米跨栏4组、推车2架、中号蓝连接器16个、万能工匠圆盘若干。

游戏过程：

（1）准备部分。

教师带领幼儿跟随音乐做简单的热身动作（头部运动、肩部运动、扩胸运动等）。

教师：手举高，抓"香蕉"（直立向上跳）。弯弯腰，抱"西瓜"（弯腰抱起万能工匠圆盘）。

（2）基本部分。

①学习正面钻过高约60厘米的障碍物。

·教师分解动作并示范，低头弯腰，紧缩身体，两脚交替向前移动，从障碍物下面钻过。

·幼儿示范、分组练习，对动作不标准的幼儿，教师稍加指导。

·设置障碍道路，增加游戏的难度，在游戏中加强动作的训练。

② 游戏"运西瓜"。

·展示推车，教师示范用推车搬运"西瓜"来激发幼儿的兴趣，并讲解游戏规则及注意事项。

·教师关注幼儿正面钻过障碍物时的动作，并鼓励幼儿大胆进行游戏。

（3）结束部分。

① 教师带领幼儿随音乐做放松整理活动。

② 教师与幼儿收拾材料，活动结束。

我是小司机

设计者：内蒙古自治区呼伦贝尔市中心城新区新海幼儿园　孙　昊

游戏目标：

（1）使幼儿练习走跑交替与绕障碍跑，发展幼儿动作的协调性与灵敏性。

（2）使幼儿体验与同伴合作游戏的快乐。

游戏重点、难点：

重点：能听口令准确地做到走跑交替。

难点：能够协调地绕障碍跑。

游戏准备：

中号万能工匠圆盘若干、棍棒若干、音乐。

游戏过程：

（1）准备部分。

幼儿手持圆盘当作方向盘，听教师口令进行前进、加速前进、刹车、后退、左转弯、右转弯练习。

（2）基本部分。

① 教师进行情景描述，激发幼儿兴趣。

教师：小朋友们，你们见过汽车司机吗？他们是怎么开车的？你们知道红灯、绿灯、黄灯亮起时我们分别应该怎样做吗？我们一起来模仿一下吧。

② 动作指导：走跑交替。

动作要领：走跑交替的过程中，注意控制速度，保持身体平衡，以免发生碰撞。

③ 游戏一"守法小司机"。

幼儿排成一路纵队自由模仿司机，教师扮演交警。幼儿当听到教师说绿灯时加速前进（跑），黄灯时减速（走），红灯时停止（立定站好）。

④ 游戏二"汽车加油站"。

幼儿扮演汽车司机，将其分为两组，排成两路纵队在起点后等待。游戏开始，"汽车司机"要穿越"路障"（圆盘与棍棒组合）去"加油站"（圆盘与棍棒拼成）给"汽车""加油"。每组第一名幼儿先走着绕过路障，到达"加油站"处，用手碰一下圆盘表示给自己的"汽车""加油"，然后原路跑回起点与第二名幼儿击掌，游戏继续，直至全部幼儿完成游戏。

⑤游戏三（合作游戏）"汽车连连看"。

将幼儿分为两组，用棍棒将每组幼儿依次连接起来。游戏开始，每组幼儿排成一列纵队绕障碍物行驶，途中不能断开，哪一组率先完成3圈即获得游戏胜利。

（3）结束部分。

①幼儿跟着教师玩"洗澡"游戏，放松全身。

②幼儿将材料归放原处。

摘桃子

设计者：河北省石家庄市长安区金柳林外国语幼儿园　孙　卓

游戏目标：

（1）使幼儿初步学会钻、纵跳的基本动作。

（2）锻炼幼儿的平衡能力，使幼儿体验和同伴一起游戏的乐趣。

游戏重点、难点：

重点：连续经过障碍物跳摘桃子。

难点：学习双脚向上纵跳。

游戏准备：

大号万能工匠圆盘、红管、中号万能工匠圆盘、连接器、万能球、桃子若干。

游戏玩法：

（1）将5个大号万能工匠圆盘排列成独木桥，隔半米放1个拱门（"山洞"），连续放3个拱门，终点为"桃林"。

（2）幼儿从起点出发，走过"独木桥"，钻过"山洞"，到达"桃林"，向上纵跳摘取桃子。

游戏规则：

（1）幼儿听音乐出发，在"独木桥"行进中要求不能掉下"桥"。

（2）教师指导幼儿低头弯腰钻过"山洞"，到达终点进行纵跳摘桃子。

（3）一名幼儿游戏结束后，下一名幼儿再进行游戏。

游戏建议：

（1）能力较弱的幼儿通过独木桥时可以用侧身并步的方式进行。

（2）摘桃环节教师可适当进行指导。

谁是大灰狼

设计者：湖南省长沙市智慧桥幼稚园 许 欢 赵 瑛

游戏目标：

（1）使幼儿练习跑和钻的动作，发展幼儿灵活躲闪的能力。

（2）提高幼儿动作的协调性和敏捷性，使幼儿体验体能游戏带来的快乐。

游戏准备：

（1）万能工匠圆盘、连接管若干。

（2）音乐、平整无障碍的大场地。

游戏过程：

（1）准备部分。

①热身跑：教师带领幼儿在场地内进行各种形式的慢跑。

②热身操：幼儿跟随教师练习"小羊体操"。

（2）基本部分。

① 用万能工匠圆盘拼接成4个"羊圈"，分别放在场地的4个角。

② 教师指定一名幼儿扮演大灰狼（大灰狼"不能告诉其他幼儿自己是"大灰狼"），其他幼儿扮演小羊。

③ 游戏开始后，幼儿们站在场地内，边走边念："一二三、三二一，小羊出来要吃草，羊群里面有只狼，千万别让狼抓走。"说完后，幼儿四散跑开。"大灰狼"开始抓"小羊"，"小羊"要以最快的速度躲避"大灰狼"，并迅速地钻进"羊圈"，被"大灰狼"抓到的"小羊"要立即暂停游戏，直到剩余"小羊"都钻进"羊圈"后游戏结束。

（3）结束部分。

① 教师扮演羊村长，带领"小羊"进行放松练习。

② 教师点评。

万能小勇士

设计者：四川省成都市玉泉清波幼稚园　文　珊

游戏目标：

（1）使幼儿练习跳跃、钻爬，锻炼幼儿下肢肌肉的协调能力。

（2）幼儿能在较窄的物体上平衡地走，提高幼儿的平衡能力和身体协调能力。

（3）培养幼儿勇敢、大胆的良好品质。

游戏重点、难点：

重点：平稳走过"独木桥"。

难点：动作连贯协调。

游戏准备：

万能工匠圆盘、棍棒、圆球若干，音乐。

游戏过程：

（1）准备部分。

①幼儿集合，教师带领幼儿做热身运动。

②教师介绍运动器械并提出要求。

（2）基本部分。

①跳过棍棒。幼儿双脚并拢连续跳过前面的棍棒。

②钻过"小山洞"。幼儿以手脚着地，爬过"小山洞"。

③ 走过"独木桥"。幼儿两臂侧平举走过"独木桥"。

④ 接力游戏。

游戏方法：将幼儿平分成两组。游戏开始，第一名幼儿从连续跳棍棒开始闯关，直线返回与第二名幼儿击掌后站到队尾。第二名幼儿被击掌后依次进行。最后一名幼儿完成后举手示意，最快完成的一队获胜。

游戏规则：幼儿击掌后才能出发；动作规范通过障碍物。

（3）结束部分。

① 教师播放音乐，带领幼儿做放松练习。

② 值日生将运动器械归类，放回原位。

跳房子

设计者：四川省成都市玉泉清波幼稚园　陈　琪

游戏目标：

（1）使幼儿练习双脚跳，发展幼儿动作的协调性和灵活性。

（2）培养幼儿对跳跃活动的兴趣。

游戏重点、难点：

重点：能用双脚并腿跳。

难点：能够单脚跳。

游戏准备：

拼插成各种图形的万能工匠器械、兔子头饰若干、音乐等。

游戏过程：

（1）准备部分。

教师戴上兔子头饰扮演兔子妈妈，带领幼儿到操场排成一队，随音乐进行准备活动。

（2）基本部分。

① "小兔子学本领"：幼儿排成一队站好，幼儿双脚跳到教师身边。

② 请幼儿依次排好队，站在"小房子"旁，尝试双脚并腿跳过"小房子"。

③ 教师做动作示范——"小兔子蹦蹦跳"，引导幼儿学习双脚并腿向前跳。

④ "小兔子蹦蹦跳"游戏。

教师讲解：小房子对面有许多的胡萝卜，小兔子们要连续双脚并腿跳过小房子，到达对面去吃胡萝卜。

（3）结束部分。

① 教师带领幼儿做放松整理活动。

② 教师与幼儿收拾材料。

阳光隧道

设计者：山东省烟台市福山区实验幼儿园　靳毅鸿

游戏目标：

（1）使幼儿练习钻爬的基本动作，能手膝着地自然协调地向前爬。

（2）使幼儿感受在"阳光隧道"中钻爬的乐趣。

游戏准备：

万能工匠圆盘、连接管、大长方布若干。

游戏过程：

（1）教师带领幼儿模仿各种小动物的动作，完成热身。热身后，教师带领幼儿玩"钻山洞"游戏（教师与一名幼儿双手架起当山洞，其他幼儿用正面钻的方式钻过"山洞"），练习正面钻。

（2）教师介绍"阳光隧道"，寻找"阳光隧道"，尝试钻爬。

（3）教师带领幼儿走过"小桥"，找到"阳光隧道"，讨论怎样爬过"阳光隧道"才会又快又安全（手膝着地）。

（4）幼儿尝试爬过"阳光隧道"。

游戏规则：

幼儿一个跟着一个爬行，学会等待，守秩序，不拥挤。

游戏建议：

幼儿扮演小动物进行多次游戏，走过"小桥"，钻过"阳光隧道"，教师在"阳光隧道"口轻轻敲击，幼儿体验在"阳光隧道"中钻爬的乐趣。

爬爬乐

设计者：山东省烟台市福山区实验幼儿园　孙　芳

游戏目标：

（1）幼儿能积极主动地探索各种爬行方法，提高手脚协调爬行运动的能力。

（2）鼓励幼儿积极大胆参加游戏，体验游戏的快乐。

（3）在游戏中激发幼儿勇敢、顽强的个性品质。

游戏重点、难点：

重点：探索各种爬行方法。

难点：能够手脚协调爬行。

游戏准备：

长红管、万能工匠圆盘若干，音乐（《北斗神拳》《加油加油！》）。

游戏过程：

（1）准备部分。

① "小小解放军"入场：腕关节活动（音乐：《北斗神拳》）。

② 将幼儿分两队，在教师的口令带动下原地踏步、跑步、向前走。

（2）基本部分。

① 学习解放军爬行的技能。

幼儿在教师的引导下尝试练习各种爬法，并用万能工匠圆盘、红管设置障碍物增加难度，教师巡回指导。

· 双手、双脚爬。要求腿和胳膊要伸直，模仿蜘蛛爬。

· 匍匐爬。要求身体一定要贴着地面。

教师小结：很勇敢，进步很大，爬得非常快！

② 游戏"我是小小解放军"。

技能考核阶段，设置情景：解放军要去打仗，途中会遇到山坡、草地、池塘，鼓励幼儿探索如何过去，大胆顽强地完成任务。

规则：将幼儿分为两组，比比哪组爬得快。

用万能工匠圆盘、长红管设置障碍物，幼儿练习爬行。

教师小结：幼儿爬得真快，很勇敢，熟练地完成每一项技能，都可以成为"小小解放军"。

（3）结束部分。

伴随音乐，教师和幼儿一起做放松运动。

猫和老鼠

设计者：山东省烟台市福山区实验幼儿园　孙　芳

游戏目标：

（1）激发幼儿对传统体育游戏的兴趣。

（2）指导幼儿练习四散爬、躲闪跑和追逐跑。

游戏准备：

万能工匠器械、黄球（做粮食用）若干。

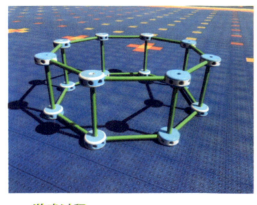 

游戏过程：

（1）用万能工匠器械拼成小老鼠的家，每名幼儿扮演成小老鼠先躲在"家"里。

（2）"小老鼠们"要去外面找"粮食"，它们从"家"里手膝着地地爬到外面去寻找"粮食"，再快速跑把"粮食"运回"家"。教师扮成小花猫捕捉"小老鼠"，被捕到的幼儿停止游戏。

游戏规则：

（1）"小老鼠"运"粮食"只能手膝着地地爬到外面，送"粮食"时要快速跑。

（2）开始游戏时要求每只"小老鼠"只带一种"粮食"回家。

游戏建议：

（1）教师在"小老鼠家"的外围摆放粮食时要分散开，不要堆放在一起，以免幼儿挤在一起去抢，发生安全事故。

（2）有人往回运"粮食"要快速跑，注意躲闪，不碰撞。

（二）中班游戏

万能的汽车人

设计者：天津市华夏未来幼儿教育集团　付英克

游戏目标：

（1）使幼儿利用万能工匠器械练习走、跑、跳、爬的动作，发展幼儿的力量及灵敏性。

（2）培养幼儿的规则意识和参与体育活动的兴趣。

游戏准备：

（1）多于幼儿人数的万能工匠圆盘若干，整齐地摆放在场地一侧，短棍若干。

（2）万能工匠器材拼好的小型器械若干。

（3）活泼、愉快的音乐。

游戏重点、难点：

重点：提升攀爬能力。

难点：在一定高度的器械上爬行。

游戏过程：

（1）准备部分。

① 幼儿成两路纵队集合，教师说明本活动学习内容与要求，随后幼儿领取万能工匠圆盘。

② 幼儿排头接排尾成一路纵队在跑道上行进，跟随教师做"高人走"（警车）、"矮人走"（跑车）、后退走（倒车）、提踵走、侧身跑、曲线跑等练习。幼儿围成一个大圆圈后立定站好。

③ 万能工匠圆盘热身操：伸展、踢腿、体侧、体转、腹背、跳跃、整理。

（2）基本部分。

① 将万能工匠圆盘放在脚前，围着万能工匠圆盘围成的大圈进行跑步，曲线绕过每一个万能工匠圆盘，迈过万能工匠圆盘，练习双脚跳过万能工匠圆盘，听到信号后每人站到一个万能工匠圆盘上面。

要求：走、跑、跳过程中动作迅速、协调，不碰万能工匠圆盘。

② 将幼儿分成红队与蓝队，分别跟随教师到指定位置站好队，并请两名幼儿用短棍将万能工匠圆盘插成车轮，摆在面前。

③ 幼儿双脚跳过车轮，练习2次，随后依次跳过所有的车轮回到队尾，再来1次。

④ 将车轮面向教师横向摆放，将车轮装在自己的双脚上，变成后轮，两手支撑向前爬行，比一比，哪一队先按到中间的按钮。

⑤ 将车轮竖放，变成立柱，曲线绕过所有的柱子，然后从两侧跑回队尾，在起跑线后站好队。

（3）结束部分。

请幼儿帮助教师拆卸万能工匠圆盘之后，人手一个万能工匠圆盘散开站好，坐在万能工匠圆盘上跟随教师进行放松活动。

我是小小解放军

设计者：广东省佛山市幼儿活动中心幼儿园 罗 萱

游戏目标：

（1）通过有趣的情景创设和环节，培养幼儿对体育锻炼的兴趣。

（2）锻炼幼儿的走、爬、钻、跨跳、投掷等技能。

（3）提高幼儿的力量、速度、灵敏性、柔韧性、协调性等身体素质。

游戏准备：

万能工匠圆盘、长连接棒、短连接棒、拼接球、沙包、球筐、贴纸若干。

游戏过程：

将20名幼儿分成两组，每名幼儿手握1个沙包站在起跑线后。教师发令，第一名幼儿出发，手脚着地过障碍物，然后跨栏，接着走过"独木桥"，最后钻"山洞"，再跑到终点线前进行投掷。投掷完成后从侧边跑回起点，并排到队伍最后面。以此类推。

游戏规则：

（1）幼儿能依次进行游戏。

（2）游戏过程中幼儿听教师的指令，注意安全。

（3）沙包要保护好，如果中途掉了，幼儿则要重新排队。

游戏图示：

起点　　　　　　　　　　　　　　　　　　　　　　　　　　　　　　　　　终点

游戏建议：

（1）可让幼儿根据教师的样板进行器械拼搭。

（2）拼搭完成后，幼儿利用拼搭好的器械进行热身游戏。

（3）第一名幼儿走到"独木桥"时，第二名幼儿再出发，以减少幼儿等待时间。

（4）幼儿熟练游戏后，教师可以将难度升级。

滚动吧，车轮

设计者：广东省湛江市第六幼儿园　崔展菊

游戏目标：

（1）使幼儿练习在一定范围内瞄准目标、接住"猎物"的能力。

（2）锻炼幼儿快速预测物体运动轨迹的能力。

（3）幼儿积极参与体育游戏，勇于挑战自己。

游戏重点、难点：

重点：能根据车轮滚动的轨迹预测到达的地点。

难点：能够准确地接住轮轴。

游戏准备：

蓝色轮轴、万能工匠圆盘、蓝短管、红短管、端盖若干，音乐。

游戏过程：

（1）准备部分。

教师戴上"交警帽子"，扮演交警，带领幼儿拿着轮轴随音乐做热身运动（头部运动—肩颈运动—上肢运动—体侧运动—下肢运动）。

（2）基本部分。

① 我会滚轮轴。

幼儿拿着轮轴在规定的跑道上练习滚轮轴，教师小结动作规范并示范动作要领。

② 我能接住滚动的轮轴。

· 把用万能工匠器械拼好的小箩筐放在终点处，起点距离终点5米。

· 幼儿分别站在起点和终点处，等待教师发出游戏指令。教师发令，起点处幼儿将轮轴以适当的力气从起点处用力向终点处幼儿滚出，终点处幼儿瞄准轮轴的滚动轨迹，用"小箩筐"接住轮轴，双方不得越过起终点线。

③ 比一比谁的轮轴接得多。

四组幼儿一起玩，比一比哪一组能接住更多的轮轴。

（3）结束部分。

教师带领幼儿听音乐模仿司机开车，做放松整理运动。

游戏建议：

（1）起点和终点的距离可以根据幼儿的手部力量进行适当调节。

（2）在幼儿熟练游戏后，可适当增加起点和终点的距离或者缩"小箩筐"的尺寸。

（3）在活动后期，可以将游戏改为拿"小箩筐"的幼儿不动，滚轮轴的幼儿瞄准"小箩筐"滚轮轴到"小箩筐"处。

大循环

设计者：河北省石家庄市长安区金柳林外国语幼儿园 王 茜

游戏目标：

（1）通过户外活动，提高幼儿走、跑、跳、攀爬、平衡、投掷等运动能力。

（2）增强幼儿体质，锻炼幼儿胆识，陶冶幼儿情操，培养幼儿团结合作的意识。

（3）将幼儿园器械与万能工匠器械充分结合，体现一物多用的特点。

游戏准备：

万能工匠大号、中号器械若干，户外器械等，音乐。

游戏过程：

（1）游戏一"灵活的身体"。

① 推小车：绕"S"形路线推小车。

② 跳云梯：采用开合跳的方式进行。

③ 低头弯腰钻过栅栏。

（2）游戏二"龟兔赛跑"。

① 幼儿手脚着地爬过"独木桥"。

② 幼儿手脚着地爬行，通过"彩虹隧道"。

③幼儿绕"S"形路线跑，穿越"棒棒糖天地"。

（3）游戏三"森林大冒险"。

①幼儿以攀登、走、跨越方式通过"平衡桥"。

②幼儿手持球杆，沿"S"形路线控球走，绕过障碍物，将球赶到指定地点。

游戏规则：

（1）游戏分4个场地，幼儿自主选择游戏的起点。

（2）预设游戏总时间35分钟，每个游戏约8分钟，幼儿听集合音乐信号交换场地，开始自主游戏。

游戏建议：

每个环节安排1名教师负责该场地幼儿的游戏安全，教师不干预幼儿进行何种玩法，鼓励幼儿进行多种尝试，可以指导幼儿自我保护的姿势。

一杆到底

设计者：河北省石家庄市长安区金柳林外国语幼儿园　张　弛

游戏目标：

（1）锻炼幼儿的腰部力量、腿部力量。

（2）培养幼儿团结合作的意识。

（3）培养幼儿的规则意识和参与体育游戏的兴趣。

游戏重点、难点：

重点：后弯腰通过栏杆，团结齐心，共同挑战。

难点：能控制腰部和腿部力量通过栏杆。

游戏准备：

（1）万能工匠圆盘、长管、短管若干。

（2）活泼、愉快的音乐。

游戏过程：

（1）教师带领幼儿利用万能工匠圆盘进行准备活动。

例如，将万能工匠圆盘举高、侧身运动、前伸放地上；双脚踩在万能工匠圆盘上跳跳跳，跳下来再跳上去；围着万能工匠圆盘跑；过障碍物；整队活动。

（2）教师介绍游戏玩法。

① 教师将万能工匠圆盘分别和长管、短管拼接组成栏杆，供幼儿弯腰通过，长度可供4名幼儿通过，高度由高到低。

② 教师允许幼儿先用自己的方法通过这些不同高度的栏杆1人或几人均可，自由

探索。

　③教师示范：仰身过杆，身体的任何部位都不可以碰杆，通过者（队伍）胜利。

　④教师指导每名幼儿通过。

　·进行幼儿过杆比赛，仰身过杆，身体任何部位不许碰杆，手不可以帮忙。

　·教师指导幼儿1人过杆、多人过杆等。

　⑤比赛。

　·单人比赛。

　·2人一组比赛。

　·4人一组比赛，最多5人一组，手拉手按要求通过栏杆，过的杆最低者（队伍）获胜。

游戏建议：

（1）玩教具的高度设计应根据本班幼儿的平均高度依次降低。

（2）幼儿由少到多，游戏由易到难。

（3）可增加游戏的趣味性，适当提高难度，如在两个栏杆中间用万能工匠圆盘摆一个独木桥，幼儿手拉手通过，整个过程中手不能松开等。注意幼儿的安全。

抢滩登陆

设计者：湖南省长沙市智慧桥幼稚园 董曼晞 范 颖

游戏目标：

（1）发展幼儿的平衡性等身体素质及集体配合意识。

（2）提高幼儿的速度、灵敏性、协调性等身体素质。

（3）使幼儿体验合作游戏的快乐。

游戏准备：

万能工匠圆盘、长管、短管若干，音乐。

游戏过程：

（1）准备部分。

每个幼儿将平衡木放置于前方准备，跟随音乐及教师的动作开始做热身运动。

（2）基本部分。

① 游戏"比比谁最快"。

·在场地上设置一条起跑线，距离起跑线8米处放置两条万能工匠圆盘拼接成的平衡木。

·将幼儿分成人数相等的两组，分别面对平衡木站在起跑线后。

·游戏开始，教师发出口令后，两组幼儿同时向面对的平衡木跑去，并集体登上平衡木，以最先登上的组为获胜组。游戏可重复进行。

② 游戏"比比谁最多"。

·将两条平衡木拼成一条平衡木（可随机去掉几条平衡木）。

·游戏开始，教师发出口令后，两组幼儿同时向平衡木跑去，并登上平衡木，最后登上平衡木人数多的组为获胜组。游戏可重复进行。

③ 游戏"搭桥过河"。

·将幼儿分成两组，从起点开始。

·幼儿依次往前传递平衡木，搭成桥，最先到达终点的组为获胜组。

（3）结束部分。

①幼儿将平衡木收纳好，排队。

②幼儿跟随音乐和教师的动作，放松全身。

小兵巡逻记

设计者：四川省成都市玉泉清波幼稚园　何　姚

游戏目标：

（1）练习助跑跨跳不同高度的障碍物，发展幼儿动作的协调性和灵活性。

（2）培养幼儿喜欢参与体育活动、愿意挑战自我、勇于战胜困难的品质。

游戏重点、难点：

重点：能助跑跨跳过30~40厘米高度的跨栏。

难点：能够将跑、跨、跳三个动作连为一体。

游戏准备：

万能工匠器械拼成的不同高度的跨栏架各2个、独木桥1个，音乐。

游戏过程：

（1）准备部分。

热身运动（小兵音乐）：教师扮演指挥官，幼儿扮演小小解放军，教师带领幼儿听口令做以下热身运动。

①踏步走。

②"高人走"。

③"矮人走"。

④转膝关节。

⑤转脚踝。

⑥单脚跳。

⑦双脚跳。

⑧慢跑。

（2）基本部分。

① 游戏"小兵去巡逻"。

跨过"战壕"：教师做动作示范，引导幼儿学习助跑跨跳的方法。

② 幼儿四散自由练习，连续跨跳3个"战壕"。

③ 教师集中幼儿，请个别幼儿演示，教师纠正后哟而再重点练习。

④ 加大难度，幼儿自由练习，自由选择不同难度的障碍助跑跨跳。

⑤ 游戏"勇敢的小兵"。

用万能工匠器械搭建两条"小兵"去"巡逻"的"路"，"小兵"整装待发去"巡逻"，走过"独木桥"，钻过"山洞"，跨过"战壕"，进行交接。

（3）结束部分。

教师带领幼儿做放松整理活动。

小小特警队

设计者：山东省烟台市福山区实验幼儿园　姜志远

游戏目标：

（1）使幼儿喜爱模仿特警队员的训练活动。

（2）使幼儿能较快地完成钻、跳、匍匐等动作。

（3）使幼儿了解特警部队的职责。

游戏难点：

能用正确的方法迅速完成各种动作。

游戏准备：

万能工匠圆盘、长棍和短棍拼搭成钻爬器材。

游戏过程：

（1）准备部分。

准备活动军训操：伸展、体侧、体转、腹背、下蹲、全身、跳跃运动。重点活动腰、膝、踝、肩、肘、腕、髋关节。

（2）基本部分。

①　"小小特警队"训练。

幼儿扮演特警队员，教师扮演军事教官，带领幼儿到布置好的场地，介绍各种训练器材的名称、训练方法。"军事教官"示范匍匐爬、钻"山洞"、跳圆盘，从两侧跑回本组，提醒幼儿在训练过程中注意保持安全的距离。将幼儿分为两组，令其站在起点线后，一个跟一个进行训练。

② 游戏"小小特警队"。

将全班幼儿按能力分为两组，令其站在起点线后，听教师口令开始，按上述训练的方法，每组第一名幼儿一次越过每一个障碍，从两侧跑回本组拍下一名幼儿的手后，下一名幼儿出发，游戏继续进行。游戏可反复进行。

（3）结束部分。

教师表扬全班幼儿学习特警队员勇敢顽强地完成任务。

小小飞行员

设计者：山东省烟台市福山区实验幼儿园　靳毅鸿

游戏目标：

（1）使幼儿能在高低路径上变换手臂动作行走，发展幼儿的身体平衡能力和协调性。

（2）培养幼儿自我挑战的能力和坚持不懈的精神。

游戏准备：

万能工匠圆盘若干、连接管若干。

游戏过程：

（1）教师和幼儿合唱儿歌《小小飞行员》，引发幼儿学习兴趣。

（2）教师指导幼儿共同将万能工匠圆盘摆成高低不同的桥面。

（3）幼儿依次踩在万能工匠圆盘上或连接管上，练习两臂侧平举和上举的动作，走到中间时要变换动作，保持身体平衡。

（4）待幼儿动作熟练后，进行分组竞赛。将幼儿排成两路纵队，教师发出口令："第一战斗机起飞。"每组排头幼儿两臂斜下举做飞机准备起飞状，接着快步行走，走至中间时，两臂上举表示飞机穿过云层，快到终点时，两臂斜下举表示飞机降落。

游戏规则：

（1）幼儿一个跟着一个走，学会等待，守秩序。

（2）如果中途掉下，可以返回从头开始。

游戏建议：

（1）教师先让幼儿自行探索练习，然后增加难度，变换动作。

（2）可以进行分组比赛。

（三）大班游戏

汽车人变形

设计者：天津市和平区第十一幼儿园　杜少锁

游戏目标：

（1）利用万能工匠器械，发展幼儿的跑、爬、钻等能力，提高幼儿动作的灵敏性、协调性。

（2）培养幼儿的合作意识与规则意识，引导幼儿积极参与游戏，乐于尝试和探索万能工匠器械的多种玩法。

游戏准备：

万能工匠圆盘33个、蓝轴2个、蓝棍16个、红棍16个、音乐。

游戏过程：

（1）开始部分。

幼儿成一路纵队，手拿黄色圆盘，模仿开小汽车入场，进行热身。

开汽车：汽车慢（慢跑）、汽车快（快跑）、汽车左转与右转（曲线）、下坡（下蹲）、上坡（升起）。

（2）基本部分。

练习一：自由探索万能工匠圆盘的玩法。

器械：万能工匠圆盘。

幼儿四散在场地上利用自己的万能工匠圆盘自由探索玩法（站、头顶、放后背、趴、转、搬、推、滚、翻、跳）。

练习二：前后跳练习。

器械：蓝棍。

① 幼儿两两一组，利用一根蓝棍将两个万能工匠圆盘连接在一起，利用新组合的器械进行跳跃练习。可从蓝棍上跳过，也可从万能工匠圆盘上跳过，也可以用其他的方法。

② 幼儿两两一组，将连接的器械组合侧立起来，进行如上面环节的练习。

练习三：左右跳练习。

① 幼儿分成两组，将上面环节中的万能工匠器械组合连接成两条长长的平衡木，利用各组平衡木进行左右跳练习。

② 将上面环节的器械竖放，进行左右跳练习。

练习四：平衡及爬练习。

① 将器械摆放成练习三①，两组幼儿分别走过自己组装的平衡木。

② 幼儿骑着平衡木手脚爬。

③ 幼儿侧身爬过平衡木。

④ 将器械摆放成练习三②，幼儿继续练习手脚及侧身爬。

练习五：钻的练习。

器械：万能工匠圆盘+红棍。

　　两组幼儿每人去拿一个插好红棍的万能工匠圆盘，插在上面环节的万能工匠圆盘上，形成类似很多小门的新组合，进行下曲线钻练习。

　　练习六：竞赛游戏。

　　器械摆放如下图所示，幼儿按照之前分成的两组站在起点线后，听到出发口令后，第一名幼儿出发，跳过前面的4组器械，再钻过后面的组合器械，绕过重点标志物返回，击掌后下一名幼儿出发。以此类推，先完成的组为胜利。

游戏规则：

①第一名幼儿听到信号后才能出发，其余幼儿被击掌后才能出发。

②幼儿必须按照规定的动作与路线行进。

（3）结束部分。

①放松整理。

②教师讲评小结，全体幼儿一起将器械收回到指定位置。

游戏建议：

（1）每一项练习都要注意由易到难、由近及远。

（2）幼儿自己探索圆盘玩法时，教师注意对幼儿创新能力的观察、引导。

（3）师生共同完成构建器械的变化。

（4）在幼儿基本掌握相应动作练习后再进行竞赛游戏，注意培养幼儿的团队意识和规则意识。

万能小勇士

设计者：天津市华夏未来北岸华庭幼稚园　王佩君

游戏目标：

（1）通过圆盘的各种变化和组合，进一步发展幼儿的钻爬、平衡、支撑等动作技能，提高幼儿的跳跃能力，发展幼儿动作的协调性、灵敏性和力量。

（2）在游戏中培养幼儿的合作意识、竞争意识、规则意识和克服困难的意志品质，引导幼儿积极参与游戏、乐于尝试和探索万能工匠器械的多种玩法。

游戏重点、难点：

重点：前臂支撑推小车的上肢力量与身体平衡。

难点：钻爬、平衡、跨跳及前臂支撑推小车动作连贯协调。

游戏准备：

万能工匠圆盘40个、蓝棍16个、红棍6个、音乐。

游戏过程：

（1）准备部分。

①幼儿成两路纵队集合，教师说明本课学习内容与要求。

②一路纵队绕场行进，幼儿跟着教师做高人走、矮人走、曲线跑、快跑和慢跑等热身活动。

③一路纵队变切断分队到指定位置。

④教师带领幼儿跟随音乐做万能工匠圆盘搏击操。

（2）基本部分。

练习一：自由探索万能工匠圆盘的玩法，上肢力量俯撑练习。

练习二：幼儿两两一组，利用蓝棍将两个万能工匠圆盘连接在一起，利用组合器械进行钻爬练习。

练习三：幼儿利用蓝棍将两个万能工匠圆盘连接成小桥，练习平衡走过小桥。

练习四：幼儿前臂支撑，脚腕放在万能工具组合的小车上进行两手交替前行。

练习五：竞赛游戏"万能小勇士"。

按照下图摆放器械，幼儿分两组站在起点线后，听到口令后每队第一名幼儿出发，钻过前面的组合器械、走过平衡木、助跑跨过一定高度的障碍、两臂支撑、两脚拉轮到终点后，两手"推小车"，绕过终点标志物返回至放轮处，迅速直线跑回本队，与下一名幼儿击掌后站到队尾，被击掌后的幼儿出发。以此类推，最先完成的一组为胜。

游戏规则：

①第一名幼儿听到信号后才能出发，其余幼儿被拍手后才能出发。

②必须按照规定的动作与路线行进。

（3）结束部分。

①放松整理，利用组合器械进行放松活动。

②教师讲评小结，全体幼儿一起将器械收回到指定位置。

小小消防员

设计者：广东省佛山市高明区机关幼儿园　何倩俜

游戏目标：

（1）探索利用万能工匠器械拼搭长长的逃生通道的方法，锻炼幼儿的动手能力，激发幼儿自主探索游戏的欲望。

（2）训练幼儿爬、钻的技能。

（3）培养幼儿团结协作的精神。

游戏重点、难点：

重点：激发自主探索拼搭的欲望，训练爬、钻的技能。

难点：发挥团结协作的精神。

游戏准备：

消防员头饰若干，万能工匠圆盘若干，长棍，短棍若干，爬行垫若干，音乐。

游戏过程：

（1）准备部分。

① 幼儿头戴消防员头饰，手拿器械进场：教师组织幼儿每人拿一个器械进场（一半人拿长棍，一半人拿短棍），自由散开并在点上站好。

② 幼儿听音乐跟教师做器械操：头部运动—上肢运动—下肢运动—屈伸运动—体转运动—下蹲运动—跳跃运动。

（2）基本部分。

教师：今天我们小小消防员要进行大考验，顺利通过考验才能成为真正的小小消防员。

任务1：幼儿分成两组，拿长棍的为一组，拿短棍的为另一组。用万能工匠圆盘和长棍、短棍拼搭出两条高矮不同的长长的逃生通道，看哪组拼得又快又结实。两组幼儿自由探索拼搭的方法。拼搭过程中放音乐。

教师小结拼搭情况，交代下一个任务。

任务2：提供爬垫，让幼儿想办法通过这个长长的"逃生通道"。

① 让幼儿商量爬垫放在"逃生通道"下面的摆放方法，并尝试摆放好。

② 幼儿商量如何通过"逃生通道"，并尝试用自己的方法钻或爬过去。

③ 教师小结，采用最好的方法通过"逃生通道"：高的"逃生通道"可以弯腰钻过去；矮的"逃生通道"可以下面铺上爬垫，然后手脚着地，屈膝爬过去。

任务3：把两个场地的器械连接好，放音乐，幼儿钻过、爬过"逃生通道"，完成大考验任务，成为一名合格的、真正的小小消防员。

（3）结束部分。

① 教师放音乐，带领幼儿们绕着"逃生通道"做放松运动：拍拍小手，拍拍小腿。

② 游戏结束，教师组织幼儿一起收拾场地上的器械。

羊羊大战大灰狼

设计者：广东省湛江市第六幼儿园　江　丽

游戏目标：

（1）使幼儿在游戏情景中幼儿学习跳、跑、钻、躲闪等动作技能。

（2）使幼儿掌握游戏技巧，锻炼动作技能。

（3）使幼儿积极参与游戏，感受游戏带来的快乐。

游戏重点、难点：

重点：在游戏情景中学习跳、跑、钻、躲闪等动作技能。

难点：发展幼儿的协调性和灵活性。

游戏准备：

万能工匠圆盘、圆球、连接管、大灰狼头饰、音乐。

游戏过程：

（1）准备部分。

教师戴上大灰狼头饰，扮演大灰狼，幼儿扮演羊，"大灰狼"带领"羊"走成一个圆圈，随音乐做准备活动。结束后，幼儿排成四路纵队。

（2）基本部分。

①学习跑、跳本领。

教师讲解：大灰狼的狼牙棒很厉害。当狼牙棒打到或碰到幼儿的屁股，幼儿快速原地跑，碰到脚就原地跳。

② 去狼堡。

教师讲解：学会了本领，就去狼堡消灭大灰狼，它们家很远，骑马快，我们可以骑马去。

③ 过陷阱。

教师讲解：大灰狼知道我们要去消灭它，在路上设置了山洞陷阱，我们要钻过山洞。

④ 大战大灰狼。

"羊们"过了"山洞"，哨声响与"大灰狼"大战，哨声停躲回"山洞"。大战的时候，"大灰狼"的狼牙棒打到幼儿屁股幼儿就跑，打到幼儿脚幼儿就跳。

（3）结束部分。

① "羊们" 战胜 "大灰狼"，"大灰狼" 躺下，"羊们" 庆祝，跳舞，做放松运动。

② 教师带领幼儿收拾材料，结束活动。

 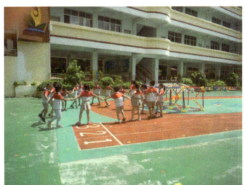

可爱的小青蛙

设计者：广东省中山市沙溪镇云汉幼儿园　杨家羽

游戏目标：

（1）训练幼儿跳的能力，发展幼儿动作的协调性。

（2）培养幼儿勇敢、不怕困难及相互合作的精神。

游戏准备：

万能工匠圆盘若干、布置好的场地、音乐。

游戏过程：

（1）准备部分。

教师：天气真好，青蛙妈妈要带小青蛙参加运动会，我们一起做准备运动吧。

① 热身运动。在场地四周进行曲线跑及在万能工匠圆盘上走等循环练习。

② 做健身操。教师自编运动，如上肢运动—下蹲运动—扩胸运动—体转运动—腹背运动—跳跃运动—整理运动等。

（2）基本部分。

① 教师：小青蛙参加的是障碍跳的比赛，你们现在来练习一下怎样跳好吗？

每名幼儿站在万能工匠圆盘前，自己尝试用不同的方法跳过圆盘。

② 教师：小青蛙都练习好了吗？谁愿意试试，你用的是什么方法？

请幼儿示范跳，教师引导幼儿观察并体会动作要领。

③ 教师总结幼儿的跳法：双脚并拢跳、单脚跳、双脚分开跳等。

④ 幼儿迅速分成4组，再次练习3种不同方法的跳。

⑤ 教师：小青蛙要开始比赛了，我们现在分成4组，首先是双脚并拢跳，第一只小青蛙跳完了，第二只小青蛙才能开始，看看哪一组小青蛙最快完成（教师分别检查幼儿跳的情况）。幼儿利用不同跳法进行3次比赛。

（3）结束部分。

幼儿随音乐轻松愉快地做一些放松动作，并把圆盘放好。

小小游击队员

设计者：湖南省长沙市智慧桥幼稚园　易丽佳

游戏目标：

（1）使幼儿练习钻、跑的动作及平衡性。

（2）增强幼儿的上肢力量以及身体协调性。

（3）激发幼儿对体能活动的兴趣，体会运动的快乐。

游戏准备：

（1）万能工匠体能套装（圆盘、连接管、连接球）。

（2）音乐、平整无障碍的大场地。

游戏过程：

（1）准备部分。

① 热身跑：幼儿跟随教师进行侧身跑、变速跑。

② 热身操：幼儿运用器械圆盘进行上肢热身运动。

（2）基本部分。

① 在场地内用万能工匠连接管拼接成3个地道，引导全体小小"游击队员"练习快速钻"地道"（来回练习2遍）。

② 用圆盘搭建成3个浮桥，引导全体小小"游击队员"手举圆盘快速通过（来回练习2遍）。

③游戏"游击队员地道运弹药"。

游戏规则：将15名幼儿分成3队，每队5人。在平整的场地内将万能工匠连接管拼接成3个地道和用圆盘搭建成3个浮桥创设出场景，在起点处放置5个圆盘作为弹药，小小"游击队"员需要抱起圆盘快速钻过"地道"，手举圆盘快速平稳走过"浮桥"，将圆盘放在指定的框内，然后跑回到起点与下一名队员击掌，依次进行。

游戏建议：分组进行练习后，再进行小组竞赛，增强幼儿能力的同时，更能激发幼儿的兴趣。

（3）结束放松。

①教师带领幼儿跟随音乐做放松活动。

②教师点评本次活动，做总结。

快乐踩高跷

设计者：四川省成都市玉泉清波幼稚园 夏金辉

游戏目标：

（1）幼儿能踩高跷往前走，保持身体平衡。

（2）提高幼儿身体的协调性，使幼儿感受游戏的乐趣。

游戏准备：

万能工匠器械拼成的高跷若干。

游戏重点、难点：

重点：准确掌握踩高跷的动作。

难点：能保持身体的平衡及手脚的灵活性。

游戏过程：

（1）准备部分。

教师带领幼儿一起绕桩"S"形快跑，然后在教师的带领下一起做准备操（头部活动—上肢伸展—体侧运动—腹部运动—下肢运动）。

（2）基本部分。

首先由教师用由万能工匠器械拼高跷，给幼儿做示范。每个幼儿手拿万能工匠器械拼成的高跷，自己感受，原地练习5分钟，教师在旁指导动作。请两名做得好的幼儿到前面来做动作示范，并指导动作，讲解规范动作。每人一个"高跷"进行行进间的练习，练习10分钟。两人一组进行比赛练习。

（3）结束部分。

听音乐，幼儿在教师的带领下做放松整理运动。

车轮滚滚

设计者：山东省烟台市福山区实验幼儿园　于　萍

游戏目标：

（1）增强幼儿的上、下肢协调能力。

（2）增强幼儿的身体素质，培养幼儿对体育活动的兴趣。

游戏准备：

万能工匠器械、音乐。

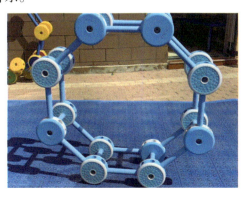

游戏过程：

（1）准备部分。

教师带领幼儿做准备活动，在操场上围圈跑步、"S"形跑步，做跳、钻等热身活动。幼儿需要一个跟一个，动作迅速，避免掉队。

（2）基本部分。

① 躲避"大轮子"。

在规定的区域内，教师滚动"大轮子"，幼儿要快速地躲避"大轮子"，避免被"大轮子"轧到，注意不要钻到"大轮子"里面，也不能超越规定区域。

② "车轮"滚滚。

幼儿分为男女两组，两名教师各带领一组幼儿，每队都先出一名幼儿在"车轮"中，自己想办法让"车轮"滚动起来，到达终点后，后面的幼儿再出发。以此类推，直到整个队伍完成，谁先完成谁就是第一名。

③ 推"车轮"。

幼儿分两队，音乐开始后，每队第一名幼儿要双手一起推滚"车轮"，同样先完成的队获胜。

（3）结束部分。

教师讲评，幼儿随意站好。随着舒缓的音乐，幼儿在教师的带领下，进行放松活动。

火险救助

设计者：山东省烟台市福山区实验幼儿园　张德艳

游戏目标：

（1）发展幼儿肢体力量，增强幼儿臂部肌肉力量。

（2）培养幼儿的协作能力。

游戏准备：

万能工匠器械搭建山洞、摆放山形障碍、"小动物"（黄球）若干。

游戏过程：

（1）用万能工匠器械搭建山洞和山形障碍。

（2）两人一组，班级分为两组进行比赛。

（3）听到信号后，一人爬行，另一人将其腿架起来，同时往前行走，翻过"山"，找到"山洞"，救出被困的"小动物"（黄球），规定时间内救出"小动物"（黄球）多的一组为胜。

（4）游戏反复进行 2~3 次，期间可适当调整山形障碍的难度。

游戏规则：

（1）只有在听到信号后才能出发。

（2）开始游戏的时候，要求每次只能救回一只"小动物"，再次游戏的时候可救两只"小动物"回来。反复进行。

游戏建议：

（1）教师将"小动物"分散摆放，不要堆放在一起，以免所有的幼儿挤在一起去抢发生安全事故。

（2）增加趣味性，不是所有的"小动物"都是露在外面的，可以用一些纸箱或者比较轻的物体将小动物盖起来，提醒幼儿去发现。

（3）提醒幼儿两人间动作来回轮换，使每个幼儿得到相同的锻炼。

（四）亲子游戏

小老鼠上灯台、抢地盘、火车轰隆隆

设计者：河北省石家庄市亚定金和幼儿园　李　探

1. 小老鼠上灯台

将万能工匠大圆盘和长管搭建成一个长方形的老鼠洞，家长拉着幼儿围着长方形的外圈边唱歌曲《小老鼠上灯台》边走，当唱到"来了一只大花猫"时，由另一名教师扮演的大花猫跑出来抓"老鼠"，家长带着幼儿快速以钻的动作，钻到"老鼠洞"里，"大花猫"走后，"大老鼠""小老鼠"出来继续游戏。

2. 抢地盘

将万能工匠大圆盘围成圆圈放在地上，家长抱着幼儿围着外圈听音乐走起来，音乐停止时，迅速跳到大圆盘上算抢到了地盘，去掉3个大圆盘继续游戏，游戏进行3次，最后抢到地盘的获胜。

3. 火车轰隆隆

将家长和幼儿分成两组进行游戏，每组发一张搭建好的火车图片，由一名小组长负责分配任务。游戏开始后，分工合作拼搭火车，火车拼搭好，让本组的幼儿坐到"火车"上，家长推着"火车"从起点驶向终点，哪组最快，哪组获得胜利。

亲子大循环

设计者：河北省石家庄市长安区金柳林外国语幼儿园　张瑞雪

游戏目标：

（1）使幼儿具有一定的平衡能力，动作协调、灵敏。

（2）使幼儿有一定的力量和耐力。

（3）使幼儿手的动作灵活、协调。

游戏准备：

体能活动以"一物多用、一物多练"的多变特色，全面引导幼儿进行平衡、跳跃等各种动作训练。

游戏过程：

（1）小组抢圆盘。

每个圆盘上只能站一名幼儿或家长，家长和幼儿听音乐逆时针围圆盘转，圆盘数量要比人数少，音乐一停，家长与幼儿进行抢圆盘。

（2）过独木桥。

幼儿先转5圈，然后过"独木桥"。在幼儿过"独木桥"后，家长转10圈过"独木桥"。过"独木桥"时，幼儿可以帮助家长完成活动，增强亲子感情。

（3）魔法棒。

　　家长、幼儿分成两队，每一位家长、幼儿手里拿着魔法棒，同时向前行进并换扶前面的魔法棒，以魔法棒不倒为胜。两队同时进行，锻炼家长和幼儿的反应能力。

小动物学本领

设计者：山东省烟台市福山区实验幼儿园　靳毅鸿

1. 青蛙跳远

第一轮家长将两根连接杆平行放在地面上，让幼儿模仿小青蛙依次双腿跳过，不能碰到杆，锻炼幼儿的跳远能力和爆发力；下一轮家长可以递进式将两杆之间的距离加大，依然让幼儿一次性双腿跳过，中间不可随意移动。通过距离的加大，不断调整幼儿的目标。

2. 袋鼠跳高

家长面对面站立，双手分别握住两根连接杆，两肩垂下，将两杆拉宽距离平行悬于幼儿小腿中部，让幼儿模仿袋鼠双腿依次跳过两杆，不能碰到杆，锻炼幼儿的弹跳能力和爆发力；下一轮家长可以递进式将两杆调整成一高一低，加大高度差，依然让幼儿依次双腿跳过两杆，通过加高和加大高低差，不断升级幼儿的目标和执行力。

3. 乌龟爬行

家长面对面站立，双手分别握住两根连接杆，两肩垂下，将两杆拉宽距离平行悬于幼儿膝盖处，让幼儿模仿小乌龟从杆下爬行通过，爬行过程不能碰到杆，锻炼幼儿的攀爬能力。下一轮家长可递进式将杆的高度进行相应调整，通过改变目标来让幼儿了解不同目标下的相应运动能力。

移石过河

设计者：山东省烟台市福山区实验幼儿园　王　媛

将3个圆盘错落摆在地上，圆盘之间的距离确保幼儿可以跳到即可。幼儿和妈妈分别踩在一个圆盘上，爸爸负责把另一个圆盘向终点方向移动，幼儿和妈妈通过不停向前跳圆盘而接近终点，先到终点的获胜。注意：脚不能离开圆盘，若中途任意一人脚接触地面，则从头开始。

接力大比拼

设计者：山东省烟台市福山区实验幼儿园 张德艳

　　班级按家庭分组完成赛道和推车的搭建，后分妈妈两组和爸爸两组参与接力赛。先由妈妈两组参与比赛，妈妈负责推"车"，幼儿掌控"方向盘"到达终点，妈妈负责把"车"推回起点，幼儿在终点下"车"后自行通过跑、跳、钻、爬的方式通过赛道后，把接力棒传递给下一组，先跑完的妈妈组获胜。紧接着是爸爸组的比赛，比赛方式和妈妈组一样，先跑完的爸爸组获胜，最后通过妈妈陪幼儿和爸爸陪幼儿完成比赛时间累加评出最优家庭。

小松鼠换家

设计者：浙江省丽水市缙云县新建镇中心幼儿园 周飘飘 朱晨丽

游戏过程：

　　（1）游戏前，3人一小组，小组与小组间隔一定的距离，站成大圆，并合作用万能工匠圆盘及连接管搭建正方形。

（2）每小组中，两名家长面对面，两手相握举在头顶上方搭成树洞，一名幼儿在房子里扮演松鼠。另外请一名幼儿扮演没有家的松鼠，站在万能工匠器械搭好的圆圈中央。

（3）游戏开始，全体家长和幼儿念儿歌："松鼠住在树洞里，一二三四换个洞。"当说完最后一个"洞"字的时候，蹲在"洞"里的幼儿互相交换位置，站在中央的幼儿乘机找任意一个"洞"去蹲下，没有换到"家"的幼儿站到圆圈中央，游戏继续进行。

（4）游戏进行3次，家长和幼儿换角色，游戏重新开始。

难度升级：

（1）合作搭正方形。

（2）"小熊"也出门换"家"了，加入一名家长朋友，游戏继续。

（3）游戏交换途中，当心教师扮演的怪兽"袭击"。

四、万能工匠体育游戏注意事项

游戏准备：

（1）物质准备（场地、器械、服装、鞋等）。

（2）精神准备（选择内容，明确目标、任务、要求等）。

游戏进行：

（1）简明扼要地讲解，正确规范地示范。

（2）组织分队，分配角色。

（3）合理安排练习次数，掌握好运动负荷，注意区别对待。

（4）随时进行提醒、教育、指导、纠正。

（5）注意活动中的安全。

游戏结束：

（1）做好放松整理活动。

（2）简要地小结，公正、准确、客观地进行讲评。

（3）整理、收放器械。

主要参考书目

[1] 刘福林. 体育游戏[M]. 北京：北京体育大学出版社，2013.

[2] 曹中平. 幼儿游戏论[M]. 银川：宁夏人民出版社，2000.

[3] 陈珂琪，陈冬华. 幼儿园体育活动的理论与方法[M]. 北京：人民教育出版社，2016.

[4] 刘晶波. 游戏和幼儿发展[M]. 南京：江苏教育出版社，2011.

[5] 王占春. 幼儿师范学校体育教材[M]. 北京：人民教育出版社，1997.